첫눈이야

이
민
숙
시
집

문학과행동 시선집-007

첫눈이야

ⓒ문학과행동사 2025

제1판 1쇄 발행 2025년 12월 5일

지은이 이민숙
펴낸이 이규배
펴낸곳 문학과행동사
편집책임 최다영
편집디자인 최다영

출판등록 2015년 8월 3일 제 2015-000059호
주소 서울시 강서구 까치산로 22길 29-7 문학과행동사
전화 010-6345-0660
인쇄제본 (주)다온피앤피

ISBN 979-11-956780-6-8

*저자와 협력하에 인지는 생략합니다
*저작권법에 따라 보호받는 저작물이므로 무단전재와 복제를 금합니다

문학과행동시선

007

첫눈이야

·

이민숙 시집

문학과행동

- 시인의 말-

  1mm, 이왕이면 가깝자 더 가까우면 사라질 수도 있을 만큼, 사라진다는 건 하나가 된다는 것

  하나면 됐지 몇몇 천 개나 되는 사랑은 부질없는 것, 하나뿐인 달은 저 먼먼 허공에서 나만 따라오더라

  오늘부터 우린 1mm로 하자 우리 사이 턱없어, 연리지만큼 얽혀서 이 가을을 홀치기하자

  풀 수 없는 실타래로 겨울까지 가자 달빛 아래 꽁꽁 얼어서 원 없이 숨어버리자

  아무리 쎈 발차기로도 틈새 남기지 않는 생, 은행나무 꽃불 켤 때 언제 살짝 한 날개만이더냐

  온하늘 노랗게 물들여버리는 몌별袂別!
  한 동그라미 굴러가며 말하리 그대 만나 잘 놀았다 빙글!

- 차례 -

005 시인의 말

제1부 첫눈이야

010 줄
011 수직의 유혹
013 어젯밤 초승달 보셨나요?
014 뺄 이불
015 창백한 푸른 별에는 산수국이 핀다
018 생불 사리
019 등
021 첫눈이야
023 역류가 역류할 때 – 자화상
025 비가 와도 좋고 눈이 와도 좋고
027 풀과 오줌
030 뻘꼬막, 와온

제2부 거의 모든 알지 못하는 것들에 대하여

034 폐업
035 함박꽃과 바지락국

036 풍경은 왜 입었다 벗었다 하지?
037 거의 모든 알지 못하는 것들에 대하여
039 꿈, 하화도
041 봄밤
042 우포늪
044 되지빠귀, 너
046 반구대 암각화
048 내 생애 최고의 날
050 득량역에서 그 녀석을 타고

제3부 기차는 왜 슬프지 않을까

054 KTX, 시詩
055 KTX, 꼬마물떼새에게
057 형제떡집
060 까마득히 헤아리다
062 기차는 왜 슬프지 않을까
063 두 남자와 한 여자 조선의 달
065 아프리카의 고독
067 파도가 적셔줄 웨딩드레스가 없다
069 뻐꾸기 사랑
071 원피스, 하화도
074 추투디가 세 든 플라타니스

076   사실과 상상
078   짝
080   모방의 기술
082   달, 로신안떼, 꿈

제4부 봄의 노래

086   봄의 노래
088   빨간 신호등, 역사는 우상이 아니다
090   마지막 동백 — 전옥주
092   여수 피에타
095   바람과 뿌리 – 너븐숭이에서
098   이순신 도서관 – 여수시립도서관
101   이태원길에서
103   제1의슬픔, 오월 – 이상의 「오감도」 조
105   말

108   발문 / 이규배

제1부

첫눈이야

줄

혈관과 링거액을 이어준 건 배꼽!

배꼽만 배꼽이 아니라

하늘과 땅 사이를 잇는 선처럼 아픈 내 몸의 링거도 배꼽

배꼽만 배꼽이 아니라

넘어져 퉁퉁 부어오른 무릎을 일으켜 세우는 기브스도

굽힐 수 없는 무릎을 어루만진다 사알살 배꼽!

내 배꼽, 목숨 하나 창조하면서 떼어냈을 엄마 배꼽

수직의 유혹

그 지점을 절정이라고 생각할 때

참 위험할 뿐

어느 지점에 닿기 위해 발바닥이 가장 뜨거워진다는 걸 깨달았

을 때

888미터의 정상보다는 427미터가

오히려 알맞게 가슴을 채운다

절정이란 오늘처럼 두 이파리의 역설이 가져다주는 것

절정, 발바닥이 절정이라고 노래하던 누구?

절정, 진달래는 휘날리고 허파도 휘날릴 때

절정, 치매는 가라 엄마가 웃을 때

미역국의 하루, 아흔두번 째 생일을 어깨에 두르고 환한 웃음

가득할 때

죽음조차 은하의 한 줄기 사랑으로 감쌀 때
오늘 하루에 대해 쓰고 있는 딸의 얼굴처럼

오직 절정의 놀이 888미터 아님! 구름에 마음을 떠나보낼 때

어젯밤 초승달 보셨나요?

 내 왼쪽 눈썹을 끌어낭기는 그대 손을 따라가 봤지요 내 왼쪽 젖꼭지를 만지는 그대 눈 따라가 봤지요 내 왼쪽 새끼발가락을 간지럼 태우는 그대 발 따라가 봤지요 내 왼쪽 날개를 훔치는 그대 자유 따라가 봤지요 내 왼쪽 선암매 꽃숭어리 아직 못 만난 그대의 경칩을 따라가 봤지요 내 왼쪽 올챙이 한 마리 바다에 이르고 싶다는 날, 내 왼쪽 초승달 활처럼 제 몸 내밀었어요 개구리 한 마리 폴짝! 선암매 곁 우물이 하늘빛으로 손 흔들어 주었어요 왼쪽 초승달빛이 찡긋 청매 홍매도 아가雅歌 입술 방긋! 왼쪽에서 떠서 오른쪽으로, 오른쪽으로부터 왼쪽으로 지곤 하던 달의 민족이 살아갈 오월의 밤도 깊어 가고 있어요

뻘 이불

날카로운 유리 조각처럼 베고 가버린 년

한여름 햇살처럼 데워놓고 가버린 놈

쓰라려도 괜찮아 보내고 난 뒤

그제야 알았지 부드러움이란,

천둥번개 원 없이 맞아야 뻘뻘 펄 되어 녹아내린다는 걸

배반의 눈물 같은 곱고도 고운 와온 뻘의 어머니라는 걸

창백한 푸른 별에는 산수국이 핀다

여러 날 위로 받던 곳 퇴원은 또 다른 무지갯빛 날개다

털중나리의 붉은 안부가 우체통에 꽂혀있다

요염 나리 핀 조계산 비탈길,

성하盛夏여 으쌰! 함께 산허리를 돌았었지

빗소리 스치던 어젯밤

검은등뻐꾸기 소리였니 계곡 물소리였나

살구 자두 무화과 혀 끝, 어이 이리 상큼 달콤한가

＞

이만 총총 연필을 새로 깎고 동전을 던지며 일어선다

쇳소리도 비릿한 생, 이제 다시 시작이다

창백한 푸른 별* 아픈 몸 서러이 떠난 아버지

창백하구나 만, 안이거나 밖, 푸르거나 빨강

향기로워라 수수꽃다리, 자갈길인들 어떠랴?

니 엄마 끓여준 팥죽 빨갛게 먹고 대나무 평상에 누워 하늘바라기

와온 집 마당에 쏟아지던 한여름 밤 별빛이듯

그렁그렁 살다 오그라잉?

*칼 세이건의 『창백한 푸른 점』에서, 지구별을 '창백한 푸른 점'이라 함.

생불 사리

"육체 태워 오색 사리 나온들 뭐해?"

"나 살아생전에 맹글어논 사리 있당께?"

"둘씩이나 되는 생불 사리 말이여!"

아 사리를 낳을 수도 있다니

거룩하여라 생불生佛 사리!

등

저 스님 등 다시네

어둔 산길에 바알간 연등 달리네

소나무 소소소 향긋 웃으시네

떡갈나무 떡갈떡갈 흔들어 함께 춤추시네

오종종 아이들의 아비 등 다시네

더 어두워지기 전 더듬더듬 걸어가라고

서럽게 구부러진 등 그 낙타 봉우리에

배고픔 대롱거리네

지어미의 발자국 소리에 흠칫 놀라

움츠리던 사람 온몸 뒤로 젖혀 등 밝히네

아기 예수님 등불로 골고다 두드리시네

뼈 앙상한 부처님 손가락으로 동그랗게 등불 우러르시네

등은

등 부끄럽지 말라고 비탈길 비추는 달빛

그 둘레에 먼 먼 별빛 옹기종기 모였네

등이 등을 업고 가네

첫눈이야

뜨겁게 흘러내리는 샤워 꼭지의 물방울, 나 첫눈이야!

뜨겁게 흐르는 눈물, 나 첫눈이야!

물? 묻는 나도 나 첫눈이야!

첫눈은 얼굴 흰 남동생과의 희디흰 이별이다

열여섯 초경을 치르다가 부딪친 죽음으로부터

심장을 덮치며 첫눈은 온다

폴폴 날아와 쌓인 마당에 발자국을 그리는 어린 화가처럼

>

 불면의 솔방울을 투둑 떨어뜨려 바위를 깨운다 죄의식도 깜짝 놀라 일어선다

 새벽 커튼을 젖히고 내리는 첫눈 사이로 세상이 순결하게 변해 가면,

 갑자기 역설주의자도 첫눈이야!

 초등학교 6학년도 못 마치고 하늘나라로 가며 희미하게 웃던 남자아이처럼

역류가 역류할 때

　－자화상

잠을 자야 하는데,

누울 수 없을 만큼 물 한 모금도 역류한다

한 시절,

하늘을 향해 엄마를 향해 하물며 죽음을 향해

받아들일 수 없다고 온몸을 쳐들었던 적이 있다

아무것도 해결할 수 없는 지경들

가슴의 뜨거운 반항만이 내 것이라고, 그것만이 지겨운 중력의

억압을 변화시킬 수 있다고

시, 읽고 또 읽었다 끝내 진실한 무엇 같았다

진실과 역류 사이, 시와 구름 사이,
허공 한 잔과 커피 한 잔 사이,

친구, 세상 사는 건 시가 전부라고 하던, 고독하게 혼자 살던 그녀는, 외로움이 기막혀 한 남자를 맞이했다고 했다 시가 뭐 별거냐고……

시가 뭐 별거냐고, 나도 따라 웅얼거린다

역류를 몰고 온 내 몸의 시, 가만히 잠들고 싶을 때 따스하게 잠들고 싶은 몸 우리 걸었던 겨울 찬바람

오월 숲의 나무 한 그루 꽃 아니 피울 수 없는 바람, 향기, 시, 역류에 올라타며 함박꽃 꽃이파리를 흔들고 있다

비가 와도 좋고 눈이 와도 좋고

수술을 하루 앞둔 날,

금식으로 항생제로 영육의 뜨거움을 조절하는 시간

내일 내 몸은 어떻게

날카로운 통증을 바라보게 될까

모든 상상을 상상하며 그 하루

그럼에도 불구하고

아파트 앞 화단에 피어나던 애기사과꽃, 조계산 쪽동백, 연보라 얼레지 그 계곡물 소리 흘러가던 때죽나무 흰 꽃, 백운산의 큰구슬붕이⋯⋯ 하화도 뱃길의 세찬 물보라,

 어릴 적 친구 손가락 끼고, 사랑스러운 향기의 깃털 사이로 깜

박 잠이 들었나

 어디론가 날아갔었나

고향 집 마당 한가운데 가만히 서 있는데 아 따스해라!

얼마나 깊이 스며들어 사알살 쓰다듬던지

 쓰다듬다 뽀뽀하듯 달콤새큼 맛보라는 것처럼…… 햇살의 맛이라니!

몸의 거친 방황이 일시에 나긋나긋해져서,

고르디우스의 매듭처럼 생의 비밀이 순간 사라지는 듯,

꿈에서 깨어나 웃고 있는 내 얼굴,

내일 문제없어?

꿈 꾸어 봐 비 와 봐, 함박눈 내리면 더 더 괜찮아

풀과 오줌

아빠의 스승은 풀 엄마의 부처님은 아빠 오줌이라

호박씨 묻던 엄마로부터 배운 내 스승님은 호박꽃

아빠두엄이 익어가던 골목길에서 숨바꼭질하던 코흘리개들 그리운 봄이다

꽃이 피어야 벌이 오고 벌이 오고서야 호박이 열리는걸?

여름 내내 호박꽃 피건 말건 바닷가에서 물장구나 치고 놀았지

때론 꽃게 들락거리는 구멍이나 파느라 해 저문 줄 몰랐어 쓰사싸 쏘옥

>

 노을이 내리면 엄마는 밭고랑에서 따온 딸기 몇 알 시큼하게 입맞춤해 주곤

 강아지는 딸기 못 먹으니 니 밥 누룽지 남겨주렴

 강아지가 없으면 심심할까 봐 나보다 더 많이 챙겼어

 칠월 백중날 드디어 친구들이 오면

 어린 호박 따다 부침개를 지져 보자기에 싸 주었지

 엄마가 우러러 모신 내 친구들 모래밭에서 주운 건 하늘 바다 구름

 빨갛게 달구어진 햇살 너머로 노래 노래 부르며 집으로 가곤 했는데……

>

 그 어느 날 백혈병으로 하늘나라 가고 만 내 동생, 청천벽력! 아뿔싸 천지개벽!

 사람이 하늘인 줄 알았더니 하늘이 니 동생을 업어갔구나!

 엄마 아빠 동네방네 아이들 데려와 우리 집은 와글와글 동네 놀이터 되었지

 천자문 따라 읽는 소리 설렘으로 엄마 아빠 서당 열고 늦도록

 하늘 천 따 지…… 집 우 집 주…… 우주 별 마당 되었지

뻘꼬막, 와온

한겨울 뻘 속의 엄마는 재두루미다

잿빛의 기억은 비릿하고 삶을수록 쫄깃한 꼬막살처럼

꼬막들의 와글거리는 엄마바다가 얼어터진 손끝에서 녹아내린다

천지사방이 날개가 되어 비상하는 걸 보았다

검은 파도를 맞받아치는 여자의 통통한 허벅지

뜨거운 사랑은 겨울바다를 불 지른다

병통으로 허약한 딸을 먹이려고

성에 서걱거리는 바다를 머리에 이고 돌아온 저녁

뻘 속에서 꼼지락거리던 낙지, 문절구 한 마리씩 개다리소반에 얹혀있다

잡거나 잡히거나 억척인 것들 녹여 차려진 밥상에

뻘을 빙 둘러 붉디붉은 핏줄들이 모여들면

빨주노초파남보 무지개가 피어난다

삶은 무지개며 삶아도 삶아도 비릿한 꼬막들의 노래다

삶아야 삶이다

엄마가 삶아낸 삶의 뻘들은 검고도 질긴 메토이소노*다

검은 바다 흰 파도라 저 수평선 우주 너머

보랏빛 가지를 열리게 하고 쪽빛 아빠의 웃음으로 창을 열고

파랗게 돛을 펄럭이는 삼촌의 원양어선도 한몫 삶아 버린다.

깊디깊은 밤, 뻘 뻘 뻘배를 밀며 뻘빛 꿈을 꾸는 재두루미!

*니코스 카잔차키스의 '거룩하게 되기(성화聖化, metoyisano)'

제2부

거의 모든 알지 못하는 것들에 대하여

폐업

 괜찮다 폐업아 아직 살아서 오늘을 닫을 수 있어서 꽃망울 망울거리는 화분 하나 사 들고 돌아서는데 도자기 찻잔 하나 더 사 들고 쪽문을 밀치고 나서는데 아직 폐업에 어울리지 않은 휘황한 쇼윈도 밖 햇살 눈부시다 4월을 폐업하느라 꽃은 피고 나비는 날아들었나 보다 사랑도 폐업할 수 있을까 더는 황홀할 수 없을 뻘밭이라면 이별보다 낫다고? 달빛으로 빚은 열쇠 반납하며 날아가는, 신세계 교향곡 울려오는 폐업 앞에서 서성이는 봄,

 마지막 노을이 훌쩍이는 소리를 귓가로 흘려보내며 뻘배를 밀고 가는 가난한 와온*의 고모처럼

*와온은 노을이 아름다운 순천만의 마을과 바다

함박꽃과 바지락국

 오랜 시간 바지락은 속살을 품어 내게로 온다 세 바가지의 바지락 중 하나는 뻘통 바지락, 끓이면 비로소 알맹이가 없이 시커먼 뻘로 존재감을 드러낸다 바지락 맑은 국물은 바닷가에서 이별한 우리의 비웃음인 듯 시커멓게 지글거린다 순간 그 쓰라림이 피운 백운산 함박꽃 희디흰 이별이 저 조소인 바지락 뻘 곁에 바람 꺼내 들고 살살 달랜다 흰 꽃과 검은 뻘의 바다를 파도 아래로 가라앉히는 사태, 그건 유전자인 나의 멸망과 탄생 이야기가 아니라 바지락 캐서 우리 사 남매를 키운 엄마의 인생 이야기, 결말로 갈수록 상큼한 결말충격요법!

풍경은 왜 입었다 벗었다 하지?

그는 태어났지 풍경으로부터

인상적인 하루, 옷을 벗었다 입었다 사랑을 빚었다 깨트렸다

마침내 벌거숭이가 되지

집시처럼 강물처럼, 잠시도 머물 줄 모르는 생生

거의 모든 알지 못하는 것들에 대하여

탄생, 내 어찌 나를 만든 정자와 난자를 그 순간의 빅뱅을?

저 파도, 내 어찌 저 물결의 물결의 물의, 결의, 초록 플랑크톤의 울음을 신생을, 그들의 최초 최후 먹고 먹힘을?

저 짱뚱어, 짝짓기를 단 한 번이라도 훔쳐보았다?

날마다 마시고 있는 물방울, 내 입술에 온 이 젖은 샘물이 그 깊은 우물 속에서 어떻게 하늘의 구름을 끌어당겼는지?

커피 머신에 이르러 뜨거워지고 꿀 바른 초록 쑥떡과 만날 오늘 아침을 상상조차?

맛있고 잔인한 문명처럼, 혓바닥이나 찬양하는 21세기, 엄마의 흙이불을 덮고 몸을 날씬하진 않게 키워온 자줏빛 고구마의 한 생을 구우며 다가서는 그 입술의 사탕발림 청춘을?

비린 제주먹갈치의 냄새는 어느 구석에 제일 많이 쌓여 있다가 니 사타구니에서 은근슬쩍 니 애인한테로 건너 가 니 정자를 그녀의 난자와 교접시켜 쌍둥이를 팡파르 울릴지?

꿈, 하화도

비릿한 문어발 냄새의 꿈, 첫사랑 아니라도 첫사랑이다

저릿한 몸서리의 햇살, 마지막 사랑 아니라도 마지막 사랑이다

열정 그대, 하화도꿈의 파도 속으로 나를 훔쳐 달아난다

나도 달아난다 그대를 훔쳐

두 도둑이 꾼 꿈은 크레타도 못 말릴 자유의 날개

하화도꿈

어둠이다 그러나 달은 썩지 않는다

동발 속에서 몸서리치던 분어의 춤처럼 세속적이다 달빛!

자유가 보름달을 용서했다구?

보름달 뜨는 날을 조심하라!

\>

자유는, 나는, 그대는, 최대한 세속적으로 도망!

봄밤

 고양이 니야옹 소공원의 정자도 잠 못 드는 봄밤이다 낼 새벽엔 안개 자욱하겠구나 내 맘 니 맘 할 것 없이 껌 씹듯 단물 다 빠진 갯벌의 일출 바라보며 아득한 하루를 시작하다 못 해 라면 노란 냄비 불어 터지겠구나 봄밤, 느닷없이 투명 넋 벗어던지더니 …… 연두인지 노랑인지 노래 부르다 목소리 컥! 명창도 따라 할 수 없는 그리움 별별 씨앗들 허물 벗어버린 이파리 우주의 혀 날름거리며 터지는 시간

 푸르스르 쌉쓰르 우려내는 고양이 허리의 밤, 곡우 찻잎보다 더 어찌어찌,

우포늪

금오도 안도 동고지 마을로 뱃길 여행을 하기로 했다
아침 백야도 선착장, 안개로 한 치 앞 보이지 않아 모든 배는
출항을 보류하고 뱃고동 소리 숨죽였네
아뿔사 섬에 못 가면 어디로 가나?

어딘들!
오늘의 발길이야 자유 자유!

대구 여자가 말 하는 곳, 우포늪
여수 여자도 가고 싶었던, 우포늪
따오기가 산다는 청정의 호수, 우포늪

늪의 자유라니!
오늘은 늪에 빠져볼거나?

>

버드나무 휘늘어진 연두의 우주

바람 사이 애기똥풀 피어 노랗게 웃고

출렁다리 아래 신생아 잠자는 듯 고요하다, 늪!

우포늪엔 첫사랑 잃어버린 청춘의 한낮처럼

텅 빈 자유가 살랑거린다

대구 여자의 고향, 어느 섬의 놓친 하룻날,

알 수 없는 늪의 자유를 만나다니

국어사전엔 없는 해석의 변덕이여 참 정겹기도 하여라!

되지빠귀, 너

 그 신새벽 같은, 아침 네 노랫소리 귀청 떨어지는 줄 알았지 매실 파르르 열린 줄도 모르고 그 나무 아래에 서서 올려다본, 청록의 김남주 생가의 하룻밤 우리는 늘 자던 늦잠으로 건너갈 수 없어 갑자기 신선된 것처럼 닦인 귀를 만지며 일어났지

 뭐라구? 넌 찌찌쪽쪽 뻭삐빅, 21세기 우매한 우릴 해방시킬 방도라도 있는 양, 마구 온영혼을 흔들었지

 페미니즘을 넘어서 기쁘고 아름다운 마음을 넘어서 큰 여자를 넘어서, 고정희처럼, 곁에 어깨 두를 새 고정희高靜熙시詩를 꿈꾸는 우리들에게, 이웃 마을 김남주의 집에서 하룻밤 잤다는 그 아침, 너, 되지빠귀! 참 경이로웠어

 아침 노래 빛나게 탱글거리던 매실 한 움큼의 주먹 쥐고 우린

노래했지 멀리서 손 흔들며 어깨동무하며 내리쬐던 6월 초아흐레* 햇살! 아… 분명 고정희 김남주 풍으로 들려줄 정처定處 그곳이었으니 사랑도 명예도 이름도 남김없이 뜨거운 맹세…!

*고정희 시인(1948~1991) 30주기에

반구대 암각화

그대의 눈빛이 저렇게 오래도록 남아있다니
저 암각화 속을 뛰어다녔던 천 년의 기억이 이렇게 선명하다니

고대 귀신고래 잡으러 노 저어가던 남정네 바라보던 여인의 눈빛
멧돼지와 사슴과 온갖 생명체, 암각화 백과사전,

열정이 아니었더라면 새길 수 없었을 터
한 바다와 한 산맥과 여러 인생을 보여주는

시간은 다만 사랑을 떠메고 다닐 뿐이라고
여태껏 낡지 않는 거라고 반구대

가만 가만 계곡은 물빛을 들어올린다 공룡 발자국도 턱! 훌쩍!

우리의 그림자를 안아 올린다

생명이란 사멸한 후에도 이렇듯 아름다운 것,

과거가 미래다 너와 내가 사랑이라면

오늘이 천 년 전의 열망이다 한사코 그물코에 꿰어져

고래를 살려내고 여우 꼬리를 살랑거린다 나도 꼬리!

사랑은 꼬랑지 흔들기다 그대의 꼬리에서 풍기는 사향

반구대 깊은 바위를 금가게 한다

흔들리지 않는 바위는 없다 바다 속 고래도 그러했으려니

내 생애 최고의 날

한 잎의 병든 이파리가 수술대 위에 누웠던 그때
여기에서 저기까지 알 수 없이 까마득한 길은 무의미해지고
오늘, 지금, 이 순간이 영원이라는 걸 알았다 그때

사랑하는 사람은 밤새 내 주위를 맴돌며
우주의 빛이 꺼지지 않기를 기원했다
죽음의 깊은 그림자를 붙들고 그러나, 삶의 최상인 에로스를 느꼈다

생명인 우주, 질긴 한 오라기 비단실 황금빛에 다름 아니었다
갓난아이처럼 세상의 첫 경험을 끌어안고 나아갔다

난 에너지가 차단된 시간의 총화,

생과 사의 경계를 걷는 광대였다

나를 창조하고 스스로를 춤췄다

살아있다는 건 생애 최고의 날이 밝았다는 것,

날개인 존재가

내 생애 최고의 날이 되어 날아다녔다

여전히 그렇다!

득량역에서 그 녀석을 타고

 놀았다 타고 타고 달렸다 코흘리개의 불알은 커서 그때 먹었던 아이스께끼는 팥빙수가 되어 부드럽다 못해 실실 녹아내렸다 그대가 가지고 놀던 성냥개비처럼 그 녀석 코에선 구름과자의 구름방울이 동그랗게 날아갔다 그 녀석은 장난스럽게 기찻길 위에서 작두를 태우고 시간을 거슬러 패대기쳤다 살아있음의 지금을 노래하던 시인나부랭이들여! 그 녀석의 꼬드김에 갈팡질팡, 목 놓아 광야를 노래하기는커녕 눈꺼풀마저 게슴츠레 뒷발질로 헛발질로 초원을 내달리겠다는 몽골 망아지처럼 여러 시간 동안 그 녀석에게 뒷덜미를 물린 채, 히히힝 힝힝 옛날 다방에 앉아 성공 마담의 청춘이나 핥으며 동동 떠내려가는 노른자 쌍화탕에, 고급스런 달달커피에 이미자의 레코드판을 돌렸다 동백아가씨! 그 녀석은 힘이 쎄다 시인 나부랭이들쯤이야 한 팔로 열이라도 쓰러트릴 괴력의 소유자 괴력이 별거드냐? 투표

나 잘 하렴 피박들! 군국주의자들은, 친일파들은, 검찰주의자가 되어, 절대로 포기하지 않지 정신 차렷! 득량만 꼬막들이 헤헤 웃는다니까? 쫄깃쫄깃한 인류세를 비웃는지 모르지? 뭐 개펄 풍경 좋다구? 개뿔!

제3부

기차는 왜 슬프지 않을까

KTX, 시詩

저 기적소리의 날갯짓은

새해 일출처럼 눈부신 무지개다

왼발을 산뜻! 올라타면 출렁거리는 내 詩의 몸, KTX!

여수에서 도라산역까지 한 글자 한 글자 쓰고 있는 승객들의 눈빛 사이로

잠들 수 없는 새벽, 더 환한 절망의 하루,

한 칸 원고지를 떠나지 못해 목매는 기적 소리

KTX, 꼬마 물떼새에게

서해의 하루를 꿈꾸는 나에게 넌 꿈이다

금강의 하루를 꿈꾸는 나에게도 넌 꿈이다

한 번도 거대한 태평양을 꿈꾸지 않았다고 말하지 않겠다

두 번 다시 다이아몬드를 꿈꾸지 않겠다고 말하지 않겠다

저 까마득한 구름 사이를 유유히 날아가는 날개

작은 비행 너의,

지렁이의 살만 있으면 족한 하루

초여름날 먹었던 자두나 살구 한 알처럼

바구니에 담았던 사랑 하나가

솔솔 빠져 달아나는 새벽 바다 파도 곁에서

초라해도 좋은 더 가벼운 생 하나

꼬마물떼새! 닮고 싶어 안달이구나

살짝,

물방울 차고 오르는 그 뒷모습만으로도

상큼,

바랄 건 뭘까 도무지

KTX를 타고, 신의주까진 못 간다 해도

형제떡집

해마다 봄이 오면, 아니 쑥이 뾰족 고개를 디밀 때면
일 년 내내 먹을 비상식량 떡을 찾아 안고 온다

현미 찹쌀에 쑥을 넣은 떡, 위의 절반을 떼어낸 그해부터
내 몸 세포 곳곳에 힘을 준다는 쑥떡을 생생하게 상상했다
부드럽고 든든하게 속을 어루만져주는 내 몸의 구도자

새벽 같이 빚어서 정겹게 건네주는 분들
 형과 아우, 그들의 다복한 사랑, 눈빛 깊은 웅녀인 어머니도 함께
 부처 예수 형제 되어 따스한, 심 서린 방앗간에서 쿵덕쿵덕 만든 떡
 명의의 집도 후 방사선 후속 치료를 받으면 쓰러질 것 같았던 날도

콩이다 쏙이다 정신차려라

쫄깃 고소! 번쩍!

상처의 쓰라림도 고소하여라 콩고물 얹힌 세상 선물 받아 오는 길이

어쩐지 매운 번개처럼 눈물겹다

영원보다 더 멀리 돌아온 생의 한 귀퉁이가

오늘만큼은 환하다, 진달래 그 빛처럼

꽃잎 바람에도 날아갈까 흔들리며 저체중으로 걸어온 오랜 쓸쓸함이

민들레 갓털처럼 수평선 너머로 날아간다고 느꼈던가

저 달빛 아스라한 길은

무거운 육체의 길이었나 가벼운 영혼의 길이었나*

뭐 그것? 거울에 비친 허상 몰라?

맛나게 먹으면 그만이야 하하하 차차차 춤추듯 친구가 된 형제 쏙떡!

*밀란 쿤데라, 『참을 수 없는 존재의 가벼움』에서

까마득히 헤아리다

 헨리 데이비드 소로는 콩밭의 농부가 되어 못난이 열매와 뿌리와 소박한 삶을 헤아렸다지
 투자와 수입 사이의 세세한 헤아림에는 강낭콩이
 큰 감자 작은 감자가
 풀이랑 콩이 조랑조랑 저희들의 가치를 우쭐거리거나 하더라도
 투자와 소득을 헤아리니 순이익은
 71과 1/2센트였다나?

 그 시대의 화폐 가치로는 이 시대랑 헤아려 얼마쯤일지?
 참 소박 진실 박장대소일만큼 크거나 왜소?
 소로는 그 콩밭에 또다른 씨앗을 심어야 하지 않겠냐는 둥
 성실 진리 소박 믿음 순수를 언급!

더욱 소망으로 헤아린 건 덕의 씨앗, 그러나 뿌리기만 했지 싹 틔우지 못했다고 고백한다

 애플 수박의 초록 무늬가 빙긋 웃는다
 노란 참외와 빨강 토마토의 비릿한 생명, 그 생명의 그물 속으로 접시꽃 붉은 노을이 스스로를 헤아리며 날아온다
 어릴적 뽑아 먹던 삐비꽃 허리를 간질이던 그대!
 아까시 이파리를 헤아리다 콩! 군밤먹이기 하던 놀이까지 헤아리다…… 난 달콤하게 잠들었다

 꿈속에선 헤아리지 말기!
 빛나는 몸 하나 씨앗으로 심기!

기차는 왜 슬프지 않을까

 모두 떠나간 종착역에서 꿀도 바르지 않은 캔맥주를 마시는 그대를 바라보는 무궁화호, 웃지도 못 하는 듯 아니 울지도 못 하는 듯 뻐꾸기 한 마리를 스케치하고 있다 아카시아 피어오르는 바다를 그리워하고 있을까 위 수술 후 다시 한 살부터 살고 있는 지천명의 여자, 역사의 지붕 기왓장은 무진장 배고팠던 걸 아는 것처럼 찐 옥수수 노랑 그림자를 휘두르더니 쩝 입맛을 찾으라고 운동화를 찾아 신겨준다 발의 혀가 최고인 거야 미각세포를 책임지는 발이 생명의 근원인 거지, 기차에 달린 발들이 일제히 마라톤 포즈를 취한다 아하 슬플 겨를은 저 틈 사이로 도망친 거구나! 종착역은 첫 출발역! 달려라 죽음!

두 남자와 한 여자 조선의 달

 한 남자는 꽹과리를 치고 한 남자는 장구를 치고 한 여자는 춤을 춘다 꽹과리는 장구를 껴안고 장구는 꽹과리의 음표로 배추밭 수채화 한 폭을 그린다 그림은 춤추는 여자의 어깨를 감싸 안는다 장구는 여자의 눈물을 닦으며 한 폭의 매조도梅鳥圖를 그려 하늘로 날려 보낸다 춤을 추다 보면 무릎과 허리 관절 마디마디 시를 낳고 시는 달의 봄을 끌어와 징을 울려대는구나 한 남자의 눈빛은 순한 노루귀, 한 남자의 손가락은 연둣빛 배춧잎처럼 아직 겨울인 논바닥을 연주한다 징 징 징!

 꽹과리 남자 장구 남자가 기다리고 기다리며 봄을 춤추는 여자의 불면을 감싸안는다 언제 어디에서 불면은 다스려지는가, 어떻게 그 장구를 만났던가? 징은 배추밭에서 살아온 그 남자를 어쩌면 저렇게 순하게 만들었을까 남자가 어머니 같던 날 그 여

자는 수면제 없이 잠을 잤다고 한다 조선의 논에 징이 울린다 달이 울린다

아프리카의 고독

 그들에게 태초의 어둠이며 모성적 비밀은 거대한 밤으로부터다
 거대한 밤이 오면 모든 것은 빛에 대한 말할 수 없는 그리움과 깊은 우수의 음조를 띤다
그렇게 또다시
아침이면 태양의 탄생이 싱싱하게 다가오고
음주리*한 그들의 낙관적 철학을 탄생시킨다

아이크 아디스타, 아디스타 아이크**
사람이 죽었을 때도 아침에 해가 떠오를 때도 다만!
그들은 태양 쪽으로 손을 내밀며 소리친다
아무런 모순이 없는 생명력으로 넘치는 하루가 시작된다

환한, 따스한 무지

그림자 없는 무지

무지의 역설!

거칠 것 없는 인간의 태양은 어디에서 떠오르나

처녀 총각의 사랑도 태양을 외면하고

금광처럼 차가운 돌덩이가 되어 창고를 채우라고 다그친다

무지의 창고에는 썩은 시체를 찾는 하이에나가 득시글거린다

길은 없다

반짝이는 헛된 목걸이로 목을 매단 인류세의 손가락이 달을 가리킬 뿐

* '아름답다'라는 엘곤족 언어

**일출의 시간에 돌아오는 늘 그러한 의식의 노래

***시의 내용 중 일부는 『카를 융 기억 꿈 사상』(A 야페 편집, 조성기 옮김)에서 인용함.

파도가 적셔줄 웨딩드레스가 없다

파도가 적시는 건

모래의 귓바퀴다

파도가 철썩이는 건 조개껍데기의 혀다

내 발가락에 키스했던 입술이 그립다 하다

파도가 밀고 밀며 그렸던 그림은 구름 한 조각

포르르 부서지는 내 어린 날의 눈물 한 방울

목포에서 만난 사람들이 한결같이 들어가 살고 싶어 했던 무인도

잃어버린 야생이 사슴뿔을 세워서 노래로 홀리는 섬

야생, 오늘 길을 잃고 나도 그대를 잃어버린다

모래밭을 아무리 걸어도 남길 수 없는 발자국, 원자原子의 길

>

파도는 그럼에도 불구하고 잃어버린 길을 적신다

세상의 길은 셀 수 없이 많지만

파도가 적실 웨딩드레스는 없다

하얗게 날고 싶은 사랑, 웨딩드레스의 날개

 사랑 하나가 밤새 출렁이는 웨딩드레스를 달래 천 년 전의 모래를 덮어주었다

모래의 원자는 짜다

포유류의 사랑이 천 년 동안 짜디짠 소금인 것처럼, 심지어!

뻐꾸기 사랑

난 한 마리 뻐꾹새 알이다

그대의 둥지에 사는, 살아야 하는, 살고자 하는,

뻑국!

뻑국!

뻐뻑국!

고집 멸 도 집 멸 도 멸 도 고집!

부처가 태어난 오월

알에서 깨어난 투명 살빛의 존재들이 울고 있다

봄산이 푸르러 푸르러 황홀한 것은

도둑같이 집 바꿔치기로 살아가는 뻐꾸기 탓

조심할 것, 집!

욕망인 날개 하나 봄빛으로 깊어서 훔쳐야 하리

허공이건 강물이건 뱃사공도 없이

그대 사랑 한가운데 깜깜할수록 영롱할

원피스, 하화도

새벽 아파트 9층, 맨몸은 쉬이 차가워져서

딱히 어디론가 나갈 처지도 아니다만,

원피스를 찾아 성긴 체온을 다스린다

식어버린 팔뚝에 은근 고추장을 비비고

허벅지엔 살짝 푸른 추억을 덧칠하며

앵도라진 꿈의 퍼즐 토닥토닥 찾아 붙인다

모래알처럼 사각거리는 신새벽 4시

\>

꽃눈 틔운 하화도 바닷바람이 원피스 자락을 들추며 묻는다

그 많은 돛단배 다 어디로 가고 달빛이 비출 그 무엇도 없이?

새벽, 아직은 기다려야 할 미완의 부엉이 눈빛,

칠흑 어둠도 햇살 파도도 아닌 수박껍질의 까망 초록 무늬

쩍! 갈라진 마음 한 조각을 베어 물고 개도막걸리가 말했지

원피스 입지 마 온몸을 하나로 묶지 마

백만 송이의 노란 장미가 그려진 옷 너무 눈부셔

발가락이 헤헤헤 물결 소리 랩을 흥얼거린다 뭐가 중요하다고?

원피스 노란 장미꽃이파리 '한 순간' 떨어진 뱃머리,

맨발을 휩싸 안아든다 오늘이라는 배꼽 간지럽다

후투티가 세 든 플라타너스

 그 플라타너스의 후투티를 바라보는 눈동자들의 어떤 열망은 순수 우연 그 자체를 꿈꾸었다는 걸 남자 몇몇은 몇 시간이 그렇게 지나갔는지 모른다고 했다 후투티를 보려고 카메라를 세우고 그 날갯짓 속에 물고 온 먹이를 새끼에게 주려는 순간을 포착하려 했다 어미는 어디론가 날아갔다 새끼들의 기미는 느껴졌으나 함부로 그 장면이 드러나지는 않고 여러 부리가 먹이를 나누느라 핏줄 터져버린 세계를 꿰매어 순간 밀착하는 입맞춤! 언제 그 번쩍이는 번개보다 열렬한 플라타너스의 구멍 속 장난을 낚아채느뇨? 커피 한 잔 같은 생각 말라구?

 순간이 훗! 지나가는 것처럼 후투티, 이민숙, 후투티, 플라타너스 둥지를 떠나가고 있었으니…… 올해의 샷 대상은 누구? 허공 한나절 남겨지고파 이름 지었을 따름이라더라 그 덕택에 여기

까지 찾아온 것이긴 하다만,

사실과 상상

 저녁노을을 등지고 아들이 들어온다 도서관에서 어렵사리 찾아온 책 한 권, 친구가 하도 재밌게 읽어서 빌렸다는 『호모 데우스』*세 사람은 감자와 고구마와 맥주 한 잔과 울릉도 해풍 오징어 다리 하나를 건넨다 고르기는 쉽다 신神처럼

 우리는 서로를 이해할 수 있을까? 서로의 경험이 같거나 달라서? 알고리즘이란 게 뭐라구? 엄마인 여자와 딸인 여자, 아빠인 남자와 아들인 남자, 또 다른 타인들, 역사가 남긴 미래 변화 관성은 붙잡을 수 없다는데, 세상은? 더 빨리 변할수록 더 멀리 달아나는 상상과 사실의 격차

 사실과 현재와 상상이 다정하게 살던 때가 있었다 사실이 그렇다 하더라도 상상 속에 배롱꽃이나 피우면서, 타인의 피가 내 가

슴으로 흐른다는 것과 저 먼 과거나 미래가 다르지 않다고 고갤 끄덕이면서, 변하려면 변해 봐! 하면서도

 절뚝거리는 21세기, 아름다움이라는 추상, 진실이라는 우주, 선 善이라는 언어는 호모 사피엔스의 유물로 박물관에 갇히고 말았다 죄수의 기억은 '탈출!' 지금도 유효할까 아주 오래된 유전자처럼?

*유발 하라리이 저서

짝

짝들은 오누이처럼 다정하다

양말이 빨랫줄에 걸려있다

세상을 걷고 온 만큼 삐끗하다

짝짝쿵 쿵띠리 화음을 맞춰야 서로에게 편안하다

원래?

짝은 바뀔수록 즐겁다

양말은 좋겠다 벗어버린 발을 찾아

애면글면 본향이 아니라도

길 낼 수 있잖아?

친구야 니도 좋겠다 니 짝 바뀌었다며?

짝 짝 짝!

또 다른 짝을 만난 오늘

갇혀서 답답하던 서랍 속 양말

파격을 꿈꾼다 마스크 벗고 철학도 벗고 싶은 세기말

발이 먼저냐 반란이 먼저냐 바람 부는 빨랫줄

모방의 기술

5월은 짝짓기의 달

저렇게 닮은 소리를 들어본 적이 없어 새순의 사랑노래

찔레는 흰 빛과, 초록은 빨강과, 신은 죽음과, 부처의 제자들은 연못과, 신발은 노고할미와, 기억은 망각과,

예술은 모방이라는 껍데기가 낳은 플라톤의 제자

새벽은 세 친구를 보낸다 번민의 물방울을 껴안고 있는 나를 위하여

모방은 늘 제 스스로를 모방하며 흘러가고

스스로 버릴 줄 아는 것이 최대의 모방이라고 고쳐쓴다

나랑 놀 수 있으면 돼 그 춤이 가장 머무르지 않는 놀이니까

가볍지? 구름!

달, 로신안떼, 꿈

하주가 와서 그림을 그려주고 갔다

떼 지어 놀며 바다를 주름잡는 고등어

유려하게 춤추는 해초 그 곁에 바다상어, 일곱 살 아이들의 친구

아픈 날들이 갑자기 물러나 바닷물을 되비쳤다 빛!

칠월 보름, 오늘 밤 달은 언제나처럼 뜨는 둥근 달이 아니라

떼 지어 심해를 끌어당기며 설레발치는,

꿈틀거리는 산맥의 핏줄들 아직은 젊어 눈물, 그 꿈

나는 늙었고 울지 않는다

슬픔은 고요하다 그건 자연스럽고 지당하니까*

굳어진 어깨뼈까지 우두둑 360도 돌려버리는 의사를 보며

달빛이 살짝 웃는다

>

달, 날개 저어 그대에게로 날아가는 아우라

달, 낡아서 서러운 짚신 한 짝 바꿔 신은 섬진강의 버드나무 사이

달, 아픈 기별에 위로의 마음 가득 안겨 온 원추리 노란 울음

으라차차 가자!

로신안떼** 에 올라탄 사나이의 벗겨진 신발에 들어찬 달빛

달이 떠오를 땐 무조건 용감해지기로 한 그런 날도 있다는,

세월 밖의 꿈!

*페르난두 페소아

**미겔 데 세르반테스 소설 『돈키호떼』에서 돈키호떼를 태운 말

제4부

봄의 노래

봄의 노래

외롭다고 노래하리

자못 서러웠다고 눈물 지으리

미칠 듯 보고프다고 쓰러지리

노래도 춤도 내 하루는 아니었다고 웅크리리

그 잔인한 사랑, 밤을 지샌 눈물처럼 반짝이는 환희

통한이여 오라 슬픔이여 오라 그냥 오라

노랑 등불 접치재* 활활 노래 부른다 저 히어리

절망마저 봄의 노래다

도망자의 피맺힌 노래

파르티잔의 노래

*접치재는 순천시 주암면 조계산 외순사선 총살 지역

빨간 신호등, 역사는 우상이 아니다

마을 이장이었던 아버지

철도원이었던 아버지

학교 선생이었던 아버지의 아내인 엄마의 생은 갈가리 찢긴 채

필부들에게 덮어씌운 빨갱이, 북두칠성이나 바라볼 딸에겐 연좌제

어둠의 빨간불 차단의 빨간불 비열의 빨간불

국가가 뒤집어씌운 부조리, 해원의 먼 낭떠러지에 서서

우리 모두 초록의 신호등을 웃고 건너갈 수 있는가?

역사는 우상이 아니다

꼭두각시처럼 걸어가라고 총을 들이댄 무뢰한들

하룻날 감옥행, 하룻날 집단학살! 잃어버린 지아비!

잊지 못할 통한의 기억 속에서

끝나버린 생의 강 거슬러 오를 수 있는가?

마지막 동백

-전옥주

여인들은 여자를 벗으며

밤새 식은땀을 흘린다 어느 날부터

더 이상 간직할 자궁이 없어 흘러내리는 액체

버릴 수도 껴안을 수도 없는 붉디붉은 꽃잎

후두둑! 쏟아지는 벼랑 끝에서

날개마저 젖어 날 수도 없는 노을에 터벅터벅 닿는다

시도 때도 없이 휘몰아쳤던 열애의 봄비

찬 샘물 뜨거운 비등점으로 솟구치던 첫사랑 뒤로 하고

서러운 정점에서 온몸을 뒤척인다 문득, 마음을 바꾸고 새벽을

바꾼다

 열망으로 떠오르는 태양아*, 노래하고 불타고 달아나라!!

 어둠의 빛 별리의 사랑 마지막이라는 우주가 꼬리를 물고 달려오리니
 전옥주** 그녀, 세상의 처절한 소리로 우주를 흐르게 하였으니

*파블로 네루다의 시에서

**전옥주(1949-2021), 1980년 5.18광주민주화운동 때 가두방송으로 시민들에게 광주시민 학살의 참상을 알림.

여수 피에타

아버지의 죽음으로부터

삼촌의 죽음으로부터

엄마의 죽음으로부터 딸의 죽음으로부터

바다의 죽음으로부터 고래의 죽음으로부터

아무것도 어둡지 않은 것이 없었다

철사를 감아 비틀린 형장의 쇠고랑으로 빚어진 예수의 핏빛 뼈 끌어안은 여인의 눈물은 애기섬*의 파도, 흐르지도 못 한 피에타의 영령英靈

뼈의 죽음이

살의 죽음이

자존의 죽음이

통증의 죽음이 너울너울 애기섬을 메고 온몸을 둘둘 감은 채로

가라앉는다

천둥 번개의 죽음이 하늘을 뒤덮었다

귀머거리라면 사람이다

눈먼 장님이라면 사람이다

피에타의 핏줄이 터져 흐른다

그 소리를 들을 수 있는 자 인간이 아니다

그대들과 내가 그리고 우리의 아들과 딸이 잃어버린 것은

모든 행복과 사랑과 빛만이 아니다

여수 앞바다 푸른 눈동자!

그들의 가슴에 총을 겨누고서 어떤 청춘의 창작실을 꿈꿀 수 있으랴

플랑크톤으로 가득 찬 수평선을 잃고서 어떤 아침 파도를 불러일으킬 수 있으랴

파도여 파도칠 힘을 얻었느냐 그 분노에 찢긴 흰 저고리를 적신 붉은 핏물은 죽음으로 치닫고 말았으니……

*애기섬, 여순 1019 사건 때 보도연맹 연루자들을 수장시킨 섬

바람과 뿌리

― 너븐숭이에서

노란 유채꽃 살랑이는 제주인 줄 알았다

돌과 비바람이 서로를 휘도는 어느 하루

여자는 피투성이로 죽어있고

아가는 젖을 빨고 있다

죽음 너머의 젖은 그림 속에서 울부짖는다

총칼들은 죽음을 물들여 마을이 소개될 때 어떻게 불타올랐을까

먼 먼 피아골 골짜기에서 와

아가와 엄마 앞에 선 진희의 통곡에

휘파람새 소리가 갑자기 엎어진다

폭풍우 더 세게 노래한다

제주를 휩쓸고 있는 무고한 살상에 동참할 수 없다던 청춘들

굴비두릅처럼 엮여 수장되어버린 그 민초들이

제주를 향하는 나에게 소리치던 청람빛 깃발

너븐숭이는 나무 뿌리처럼 널브러진 죽음의 기억터

영원히 썩을 수 없는 혼절의 뿌리가 있다는구나!

죽음이 그려준 게르니카

뿌리가 노래하는 핏방울의 살풀이

연달래 속살엔 붉어 잊지 못할 통한이 깃들어있다

그 4월, 그럼에도 불구하고,

죽음이라는 소생이 가능하다는 듯

이방인의 절망마저 피워버리겠다고,

북촌의 너븐숭이는

방울로 멍울진 우리의 어깨를 두드리며

뿌리의 빛으로 썩지 않는 자유의 현현이 되라한다

젖 물려 육감적인 저 엄마의 뜨거운 4월을 살라한다

\>

돌이켜 세워야 할 생명의 너븐숭이에 무명빛 열망 휘몰아친다
 역사다 역사 아니다 인간이다 인간 아니다 죄다 죄 아니다
아가다 목숨이다

이순신 도서관
−여수시립도서관

 우리들의 공부는 아이들이 뛰어노는 학교운동장*, 그 곁의 또다른 학교운동장, 그곳에서 들려오는 군홧발 소리, 개머리판으로 선량한 청년의 머리를
 얼마나 잔혹하게 쳐댔는지 들어야 하는 끔찍한 증언이다

 눈물을 훔치며 눈물을 먹는 무덤 이야기
 눈물조차 흘릴 수 없는 메마른 천둥 번개 명령과 침묵뿐이었던

 만성리의 파도 소리가 들리는 그곳에서 건너오는 시체 냄새에 관하여,
 백 명도 넘게 이미 타버린 육체의 탑이
 바윗덩이 아래 짓눌려 아무도 알아볼 수 없게 얽혀버린,
 가족도 영원히 찾을 수 없게 암매장한 무덤**,

>

우리들의 공부는 턱없이 논리적이지 못 한

언어와 숫자들이 한순간 다만 죽어버린 생명들을

수습할 수 없는 캄캄한 실존의 구렁텅이다

가족이 있는 집에 있지 말고 운동장으로 나와!

집에 있으면 그건 반란군이야!

철없는 어린아이 말간 눈빛의 청춘 모두 죽임을 당한 어처구니
공부다

우리들의 공부는 왜?도 무엇 때문에?도 아닌

손가락총의 총소리 공부, 군사재판에 대한 법 공부는 아닌,

인간이 인간을 밥 먹였다고 묶어서 감옥에 보낸 공부다

아버지의 죄를 뒤집어쓴 아들이 끌려가고

형 따라 엄마 따라 갔다가 동생이 총에 맞고

끝없는 골목길을 막다른 곳까지 헤매던 사람들의 '죽음'에 대한

게거품 공부다

그 사이에 국가와 정의와 합리는 어디로 갔는가?

*여수중앙초등학교, 동초등학교 등 여순사건 때 진압군에게 민간인이 처형된 장소

**여수 만성리 형제묘

이태원 길에서

 우리는 신인상 시상식장을 즈려밟고서, 마로니에 공원의 둥근 벤치에서 아름다운 문학 그리운 이야기꽃을 피우다가, 시골에서 올라온 사람들답게 서울길은 서투니 서둘러 가자 예약해 둔 게스트하우스를 찾아서 자가용을 몰고 들어갔다 그곳에 장미꽃 바구니를 싣고서 시골 시인답게 그녀는 그 게스트하우스가 이태원에 있다는 것만 알았을 뿐인데……

 이태원의 영혼들이 우리를 초대하지 않았더라면 어찌 그 좁고 복잡하고 차를 세워둘 주차장도 없는 그곳에 갈 생각일랑 할 수 있었을 것인가! 시인의 남편은 제법 베테랑 운전자답게 게스트하우스 주인이 안내한 그 골목으로 가파르게 올라가기도 하고 내려다볼 수조차 없는 내리막길을 따라서 외나무다리 같은 길로 씩씩하게 나아갔다 나아갔던가 나아갈 수나 있었던가! 외나무다리를 걸어봤는가 그대는?

 앞이지만 앞일 수 없고 나아갈 방향이란 선택의 어떤 삶일 때가 아닐까 싶은데 잃어버린 내 자존 잃어버린 잃어버린 선택의 자유! 뒤를 돌아보아야 할 때도 너무 늦어 활짝 웃던 꽃은 순간 그림자뿐이며 모조리 짓이겨진 육체뿐인! 등 뒤는 없는 것과 같은 외나무다리, 추억이란 무엇인가? 사라져버린 기억 속의 엄마 아빠 언니 오빠 동생이여! 순간 뒤엉킨 나여! 나인 친구여! 친구인 친구인 사랑이여! 그대들이여 미안타 미안타 미안타!

제1의슬픔, 오월

– 이상의 「오감도」 조

(열셋도더된슬픔이산하를휩싸고돌아다니더라이봄날에)

제1의진달래가슬프다고하오

제2의진달래도소월의사랑처럼슬프다고하오

제3의3월이슬프다고하오

제4의4월도슬프다고하오

제5의5월금남로도찬란히핏빛으로슬프다고하오

제6의이팝꽃은망월동에피어슬프다고하오

제7의히어리도슬프다고하오

제8의접치재가슬프다고하오

제9의동백이슬프다고하오

제10의동백은툭!아프다고하오

제11의팽목항은지금도통곡한다고하오

제12의진달래는슬프지않아도좋소제13의히어리는슬퍼도좋소

(꽃샘바람불어떨어지는진달래가빗방울속에서)

 제365의말간통증으로가슴을뚫고올라허공으로피어나는산목련도슬프다고하오

말

말이 인간이라 합니다

해야 할 말을 하는 게 인간의 인간입니다

이제야 말합니다 그동안에는 인간이 아니었습니다 아니 인간이 못 되었습니다

아직도 나는 비겁합니다

무엇을 어떻게 말할 줄 모릅니다

얼마나 많은 사람들이 도륙되었는지

모른다고, 모른다고, 모른다고, 모른다고,

묵언이란, 말 하지 않으려는 것이 아니라, 말해야 할 그것을 찾는 일!

찾을 때까지 찾아야 합니다 신발 한 짝이 다 닳을 때까지

말로 굳건히 세워야 할 참혹한 비의입니다

말로 햇살 아래 명명백백 휘날려야 할 깃발입니다

말 할 줄 알면서도 입 다물었던 70년 너머의 벙어리, 연좌제에 묶여 말 못 했고

비겁의 웅덩이에 처박혀 말하지 않았습니다

아픔이란, 말 못 하는 사이 역사가 되고도 역사가 아니고

진실이란, 말 할 수 없다는 핑계로 거짓이 되는 것임을 고백합니다

1948년 10월 19일,

숫자가 아닙니다

비의가 아닙니다

깃발이 아닙니다

명확하게 속죄해야 할 생명 살상이며 국가폭력입니다

그 피비린내를 보지 못했다고 숨었던 70년 아닌 7천 년을 변명합니다

쓸 뿐입니다

말하지 않았던 과거를 찢어버리고 싶어합니다

말과 글 속에 담길 수 없다고 그날의 비참을 버릴 수 있겠습니까

발문

이규배

발문

실감 · 실정의 생명 언어
이민숙 시인 네 번째 시집 『첫눈이야』

이규배

1.

 시는 지志를 말로 표현한 것, 시언지詩言志의 시학에서 볼 때 시 언어의 뿌리와 줄기, 그리고 가지와 잎새 모두가 실감 · 실정의 생명 언어여야 한다. 구상체로서 심장과 추상체로서 마음이 바깥 세계와 접촉했을 때 일어나는 감정과 의미의 움직임이 내면에 간직된 것이 志이다. 言은 입으로 나팔 또는 피리를 불어 소리가 퍼져 나가는 모양의 글자이니, 소리로서 시의 말씀은 리듬이 있는바, 운율이나 율동의 율律은 피리를 뜻한다. 그러니까 시의 운율, 율동은 입에서 나오는 소리인데, 심장과 마음의 움직임에 따라 날숨과 들숨의 숨결, 심장의 박동, 혈맥의 피 흐름이 실려 나온 말씀이 바로 생명 언어로서 시의 리듬인 것이다. 자연의 소리를 모방한 게 시의 리듬이 아니라 자연, 그리고 세계와 접촉해 마음이 울리는 소리가 시의 리듬인 것이다.
 이민숙 시인의 네 번째 시집 『첫눈이야』의 시편, 그 수작들은 억지스러운 수사修辭 중심의 관념을 배격하고, 담담한 정서와 자연스러운 말맛의 율동감이 돋보인다.

 외롭다고 노래하리

 자못 서러웠다고 눈물 지으리

 미칠 듯 보고프다고 쓰러지리

 노래도 춤도 내 하루는 아니었다고 웅크리리

 그 잔인한 사랑, 밤을 지샌 눈물처럼 반짝이는 환희

 통린이여 오라 슬픔이여 오라 그냥 오라
　　　　　　　　　　　　　　　　 - 「봄의 노래」 부분

「봄의 노래」는 여순사건 당시 대한민국 군인이 민간인을 총살했던 곳, 순천시 주암면의 집치재에 오는 봄을 노래한 시이다. "노랑 등불 접치재 활활 노래 부른다 저 히어리", "절망마저 봄의 노래다// 도망자의 피맺힌 노래// 파르티잔의 노래"는, 시인의 말대로 "밤을 지샌 눈물처럼" 투명하게 반짝인다. 통한의 정감이 흐르는 시인의 날숨과 들숨이 억지스러운 수사나 조작된 관념 없이 모국어의 자연스러운 말맛에 총소리, 절규와 비명, 붉게 흘러내리는 질척한 핏물, 피비린내가 섞여 있다. 시인의 심장이 입 밖으로 걸어서 나온 듯한 시어에 비극적 봄의 진경眞景, 그 통한을 이토록 담담淡淡한 노래로 활자화한 이런 격조는 억지스러운 수사修辭 중심의 관념으로써는 결코 도달할 수 없다. 우리 시단의 어떤 지적 표준을 생명과 인간 정신에 제한된 틀로써 재단함으로써 벌어지는 표현의 과장, 리듬의 왜곡, 이런 것들과는 어떤 연관도 찾을 수 없는 시편이 이번 네 번째 시집의 시들이다.

고 집 멸 도 집 멸 도 멸 도 고 집!

부처가 태어난 오월
알에서 깨어난 투명 살빛의 존재들이 울고 있다

— 「뻐꾸기 사랑」 부분

그래서 이민숙의 시는, 위의 시처럼, "알에서 깨어난 투명 살빛의 존재들"과 같이 그의 펄떡이는 심장이 시집의 지면으로 걸어서 나온 듯한 생명 언어로서, 우리 시단의 어떤 지적 표준과 협잡질해 거푸집에 찍어 조작해 내는 관념 언어를 배격한다. 고苦: 고통, 집集: 고통의 원인, 멸滅: 고통의 소멸, 도道: 소멸에 이르는 길, 불교의 기본 진리인 사성제四聖諦를 "아기 예수님 등불로 골고다 두드리시네/ 뼈 앙상한 부처님 손가락으로 동그랗게 등불 우러르시네"(「등」 부분), 또는 "아 사리를 낳을 수도 있다니// 거룩하여라 생불生佛 사리"(「생불 사리」 부분), 또는 "아빠의 스승은 풀 엄마의 부처님은 아빠 오줌이라// 호박씨 묻던 엄마로부터 배운 내 스승님은 호박꽃"(「풀과 오줌」 부분)이라고 노래하는 데 관심을 둔다. 순정하다. 그리고 순선純善하니, 이민숙 시의 바탕은 물들지 않은 흰 빛, 소素이다. 마음의 움직임을 조작하는 장식이 없는 소素. 그 소素에 "고苦 집集, 멸滅, 도道"를 주문처럼 외운다. 정견正見, 정사유正思惟, 정어正語, 정업正業, 정명正命 정정진正精進, 정념正念, 정정正定… 팔정도八正道를 새긴다.

위쪽 초승달빛이 찡긋 청매 홍매도 아가(雅歌) 입술 방긋!

— 「어젯밤 초승달 보셨나요?」 부분

깊디깊은 밤, 뻘 뻘 뻘배를 밀며 뻘빛 꿈을 꾸는 재두루미!

-「뻘꼬막, 와온」부분

뼈의 죽음이

살의 죽음이

자존의 죽음이

통증의 죽음이 너울너울 애기섬을 메고

-「여수 피에타」부분

푸르스르 쌉쓰르 우려내는 고양이 허리의 밤, 곡우 찻잎보다 더 어찌어찌,

-「봄」부분

「어젯밤 초승달 보셨나요?」,「뻘꼬막, 와온」,「여수 피에타」,「봄」등과 같은 시의 부분에서 생동하는 리듬 언어는 이민숙 시인의 고향인 순천시의 順天처럼, 마음속 하늘님을 따른 피의 흐름, 박동, 志의 언어이지 두뇌로 조작해 내는 억지 리듬의 말이 아니다.

2.

 순천시는 대한민국의 생태수도. 순천만에는 총 116종의 염생식물 및 관속식물이 서식하고 있으며, 이는 서남해안 전체 지역의 염생식물 종수 47종과 비교했을 때 약 2.5배에 달하는 수치라고 한다. 순천에서 나고 자란 이민숙 시인의 이번 시집에는 「뻘꼬막, 와온」, 「뻘 이불」, 「후투티가 세 든 플라타너스」 등 생태시라 할 시들이 있다. 일단 생태시를, 단순히 자연을 노래하는 시가 아니라, 인간·자연·생명 전체를 하나의 공동 존재망으로 바라보는 세계관을 바탕으로, 환경위기 시대의 새로운 감수성과 윤리적 사유를 담아내는 시라고 정의를 내려 보자. 그런데 이민숙 시인은 순천의 뻘, 그리고 새 등 자연을 이런 지적 표준의 개념에 가두지 않는다.

 날카로운 유리 조각처럼 베고 가버린 년

 한여름 햇살처럼 데워놓고 가버린 놈

 쓰라려도 괜찮아 보내고 난 뒤

그제야 알았지 부드러움이란,

천둥번개 원 없이 맞아야 뻘뻘 펄 되어 녹아내린다는 걸

배반의 눈물 같은 곱고도 고운 와온 뻘의 어머니

—「뻘 이불」 전문

"맛있고 잔인한 문명처럼, 혓바닥이나 찬양하는 21세기"(「거의 모든 알지 못하는 것들에 대하여」 부분)의 기후위기, 파괴된 숲, 오염된 강과 바다 같은 현실적 환경문제를 개념적 언어로 끌어오기보다, "배반의 눈물 같은 곱고도 고운 와온 뻘의 어머니"처럼 몸으로 체험한 심장의 언어로서, "날카로운 유리 조각처럼 베고 가버린 년// 한여름 햇살처럼 데워놓고 가버린 놈// 쓰라려도 괜찮아 보내고 난 뒤// 그제야 알았지 부드러움이란, // 천둥번개 원 없이 맞아야 뻘뻘 펄 되어 녹아내린다는 걸"라는 몸의 깨달음을 생명 전체의 상호연결성, 그 입자와 파동으로 노래한다. 그런 점에서 다음 시「줄」을 보자.

혈관과 링거액을 이어준 건 배꼽!
배꼽만 배꼽이 아니라

하늘과 땅 사이를 잇는 선처럼 아픈 내 몸의 링거도 배꼽

배꼽만 배꼽이 아니라
넘어져 퉁퉁 부어오른 무릎을 일으켜 세우는 기브스도
굽힐 수 없는 무릎을 어루만진다 사알살 배꼽!

내 배꼽, 목숨 하나 창조하면서 떼어냈을 엄마 배꼽
-「줄」 전문

 놀라운 시이다. 엄마의 자궁 속 아기가 태반과 이어져 엄마와 아기가 하나로 이어지는 줄이 탯줄인바, 탯줄이 끊어진 흔적으로 "내 배꼽, 목숨 하나 창조하면서 떼어냈을 엄마 배꼽"을 "혈관과 링거액을 이어준 건 배꼽!"이라고 하면서, 링거줄을 탯줄과 연결해, "하늘과 땅 사이를 잇는 선처럼 아픈 내 몸의 링거도 배꼽"이라는 놀라운 통찰력, 아니 천지자연을 넘어서 인공물까지 하나의 생명으로 상호연결하는 감응력을 보여준다. 이러한 감응의 힘은 정동에서 나온다. 들뢰즈가 말하는 affect를 정동情動이라고 번역하고 그 개념을, 개인이 느끼는 감정이 아니라 인간, 사물, 동물, 환경 사이를 가로지르며 흐르는 비인간석 힘force이라고 하고, 관계 속에만 흐르며 존재하는 힘으로써 음악, 시,

바람, 풍경, 어떤 사람과 만났다고 했을 때 내 몸을 변화시키는 힘이라고 이해해 보자. 그런데 이 에너지, affect를 바깥 세계의 사물과 접촉해 마음이 움직이는 것을 동아시아 시학의 전통에서는 志라고 했고, 이 志를 情動이라고 했다. 마음과 심장의 움직임과 작용은 고립적으로 운동하는 것이 아니라, 천지자연과 사물, 타인과 우주 전체의 기운에 감응하여 구상체로서 심장과 몸, 추상체로서 마음과 의미가 함께 떨림을 뜻한다. 나는 이것을 일찍이, 밤하늘이 떨고, 별이 떨고, 달이 떨고, 아파트 유리창의 불빛이 떨고, 봄과 여름과 가을과 겨울과 사계절 흐르는 꽃과 새와 짐승과 시냇물과 강과 산과 바다가 아스팔트와 자동차와 비행기도 떤다고 말했다. 그리고 이 떨림에 감응하여 마음, 몸 전체가 떨리는 작용이 정동이라고 했다. 그러니까 들뢰즈의 정동 affect과 유사하면서도 다른 개념이 志의 시학 정동인 것이다. 이민숙의 순정한, 그리고 순선한, 또 탁월한 감응력을 엿볼 수 있는 시가 「줄」이다.

 이민숙의 생태시는 비인간적 시점에 섬으로써 비인간의 사물과 세계로 인간을 억압하는 섣부름의 시가 아니다. "마지막 노을이 훌쩍이는 소리를 귓가로 흘려보내며 뻘배를 밀고 가는 가난한 와온의 고모처럼"(「폐업」 부분) 순천시 와온의 뻘과 뻘배와 고모가, 나뭇잎이 흔들리면 나도 흔들리고, 바닷물이 잔잔해지면 내 마음도 고요해지는 상호연결성의 미학을 구현하는 시이다. 다음의 시 「후투티가 세 든 플라타너스」처럼,

  그 플라타너스의 후투티를 바라보는 눈동자들의 어떤 열망은 순수 우연 그 자체를 꿈꾸었다는 걸 남자 몇몇은 몇 시간이 그렇게 지나갔는지 모른다고 했다 후투티를 보려고 카메라를 세우고 그 날갯짓 속에 물고 온 먹이를 새끼에게 주려는 순간을 포착하려 했다 어미는 어디론가 날아갔다 새끼들의 기미는 느껴졌으나 함부로 그 장면이 드러나지는 않고 여러 부리가 먹이를 나누느라 핏줄 터져버린 세계를 꿰매어 순간 밀착하는 입맞춤! 언제 그 번쩍이는 번개보다 열렬한 플라타너스의 구멍 속 장난을 낚아채느뇨? 커피 한 잔 같은 생각 말라구?

                                                                           -「후투티가 세 든 플라타너스」 부분

"순간이 훗! 지나가는 것처럼 후투티, 이민숙, 후투티, 플라타너스 둥지를 떠나가고 있었으니……"(「후투티가 세 든 플라타너스」 부분)라고, 후투티, 플라타너스, 둥지 등과 함께 이민숙 시인은 떨고 있는 것이다.

3.

 죽음의 문턱을 스치는 경험, 그것은 수술이다. 수술대에 누워 마취됐을 때 의식이 사라지고, 의사의 손에 몸이 열리고 조작된다는 느낌 속에 무력하게 몸을 맡기고 있어야만 하는 상황. 나의 신체가 타자의 신체, 내가 낯선 존재로 바뀌고 자신의 몸을 낯선 풍경으로 보게 된다.

 한 잎의 병든 이파리가 수술대 위에 누웠던 그때
 여기에서 저기까지 알 수 없이 까마득한 길은 무의미해지고
 오늘, 지금, 이 순간이 영원이라는 걸 알았다 그때

 사랑하는 사람은 밤새 내 주위를 맴돌며
 우주의 빛이 꺼지지 않기를 기원했다
 죽음의 깊은 그림자를 붙들고 그러나, 삶의 최상인 에로스를 느꼈다

 생명인 우주, 질긴 한 오라기 비단실 황금빛에 다름 아니었다
 갓난아이처럼 세상의 첫 경험을 끌어안고 나아갔다

 난 에너지가 차단된 시간의 총화,

생과 사의 경계를 걷는 광대였다

나를 창조하고 스스로를 춤췄다

살아있다는 건 생애 최고의 날이 밝았다는 것,

날개인 존재가

내 생애 최고의 날이 되어 날아다녔다

- 「내 생애 최고의 날」 부분

 그러나 이민숙 시인은 죽음의 문턱을 스치는 그 수술의 경험을 "날개인 존재가// 내 생애 최고의 날이 되어 날아다녔다"라고 노래한다. 그는 "생명인 우주, 질긴 한 오라기 비단실"로 연결된 "갓난아이"와 같은 "세상의 첫 경험"으로, "한 잎의 병든 이파리가 수술대 위에 누웠던 그때// 여기에서 저기까지 알 수 없이 까마득한 길"을 걷고 나왔다. 「풀과 오줌」을 보면,

 그 어느 날 백혈병으로 하늘나라 가고 만 내 동생, 청천벽력! 아뿔싸 천지개벽!

 사람이 하늘인 줄 알았더니 하늘이 니 동생을 업어갔구나!

엄마 아빠 동네방네 아이들 데려와 우리 집은 와글와글 동네 놀이터 되었지

　　천자문 따라 읽는 소리 설렘으로 엄마 아빠 서당 열고 늦도록

　　하늘 천 따 지…… 집 우 집 주…… 우주 별 마당 되었지
　　　　　　　　　　　　　　　　　　　　　　　－「풀과 오줌」부분

"그 어느 날 백혈병으로 하늘나라 가고 만 내 동생"의 사연이 나오고, 그의 엄마 아빠는 그 죽음의 문턱을 스친 아픔을 잊기 위해 "엄마 아빠 동네방네 아이들 데려와 우리 집은 와글와글 동네 놀이터 되었지// 천자문 따라 읽는 소리 설렘으로 엄마 아빠 서당 열고 늦도록// 하늘 천 따 지…… 집 우 집 주…… 우주 별 마당"을 만들었다. 이런 경험으로 이민숙 시인은 "한 잎의 병든 이파리"로 "수술대 위에" 누웠고, "죽음의 깊은 그림자를 붙들고 그러나, 삶의 최상인 에로스를 느꼈다"라고 하며, "내 생애 최고의 날이 되어 날아다녔다"라고 생명에 대한 근원적 감사와 겸허함의 격조와 성숙에 도달했다.

이러한 관점에서 표제 시「첫눈이야」를 읽어보자.

뜨겁게 흘러내리는 샤워 꼭지의 물방울, 나 첫눈이야!

뜨겁게 흐르는 눈물, 나 첫눈이야!

물? 묻는 나도 나 첫눈이야!

첫눈은 얼굴 흰 남동생과의 희디흰 이별이다

열여섯 초경을 치르다가 부딪친 죽음으로부터

심장을 덮치며 첫눈은 온다

폴폴 날아와 쌓인 마당에 발자국을 그리는 어린 화가처럼

불면의 솔방울을 투둑 떨어뜨려 바위를 깨운다 죄의식도 깜짝 놀라 일어선다

새벽 커튼을 젖히고 내리는 첫눈 사이로 세상이 순결하게 변해가면,

갑자기 역설주의자도 첫눈이야!

초등학교 6학년도 못 마치고 하늘나라로 가며 희미하게 웃던 남자아이처럼

– 「첫눈이야」 전문

　이민숙 시인은, "하늘과 땅 사이를 잇는 선처럼 아픈 내 몸"(「줄」 부분)과 같이, "얼굴 흰 남동생과의 희디흰 이별" 이후 땅 위에 내리며 녹아 스며들고 쌓이는 "순결"의 첫눈을 삶과 죽음의 경계를 잇는 선, 입자, 또는 파동이 "줄"처럼 시인의 "배꼽"으로 이어진 것과 같이 느낀다. "초등학교 6학년도 못 마치고 하늘나라로 가며 희미하게 웃던 남자아이"를 만나고, "열여섯 초경을 치르다가 부딪친 죽음으로부터// 심장을 덮치며 첫눈은" 오는데, 이 지점에서 시인에게는 삶과 죽음, 땅과 하늘, 인간과 비인간의 경계는 무의미해진다. 모두가 서로 감응하면서 다 함께 진동한다. 하나의 생명처럼.

4.

　대한민국 생태수도 순천에서 나고 자란 시인은, 철새와 갈

대와 짱뚱어와 농게와 갯벌과 꼬막 등을 노래하지만, 이 글 앞의 「봄의 노래」에서 살펴봤듯이, 우리의 역사적 비극을 지금 여기 현재의 아픔으로 감응하고 노래하는 시인이다. 순천시는 지금 아름답고 청정한 생태수도이지만, 여수와 함께 총소리, 절규와 비명, 붉게 흘러내리는 질척한 핏물, 피비린내가 섞여 있는 비극의 현장이다. 학살의 기억이 전승하는 순천과 여수, 제주, 그리고 광주에서 기쁨보다 상흔을 먼저 익힌 감성으로, "여수 앞바다 푸른 눈동자!// 그들의 가슴에 총을 겨누고서 어떤 청춘의 창작실을 꿈꿀 수 있으랴"(「여수 피에타」 부분), "여자는 피투성이로 죽어 있고/ 아가는 젖을 빨고 있다"(「바람과 뿌리-너븐숭이에서」 부분), "필부들에게 덮어씌운 빨갱이, 북두칠성이나 바라볼 딸에겐 연좌제/ 어둠의 빨간불 차단의 빨간불 비열의 빨간불/ 국가가 뒤집어씌운 부조리, 해원의 먼 낭떠러지에 서서/ 우리 모두 초록의 신호등을 웃고 건너갈 수 있는가?"(「빨간 신호등, 역사는 우상이 아니다」 부분), "어둠의 빛 별리의 사랑 마지막이라는 우주가 꼬리를 불고 날려 오리니/ 전옥주 그녀, 세상의 처절한 소리로 우주를 흐르게 하였으니"(「마지막 동백-전옥주」 부분)라고, 전승된 기억을 노래한다.

이민숙은 이번 네 번째 시집 『첫눈이야』에서, 역사적 아픔과 존재의 기억을 트라우마라는 범주에 단순히 머물게 하거나 가두어 두지 않고 이를 딛고 나와서 삶과 죽음, 존재와 비존재, 인간과 비인간의 경계를 허물고, 그 사이를 잇는 입자, 또는 파동의 '줄'을 노래했다. 이 시집의 시들은 수식 중심의 관념을 배격하고, 펄떡이는 심장이 시집의 지면으로 걸어서 나온 듯한 실감·실정의 생명 언어가 아름답게 빛난다.

 그의 건투와 건승을 빈다.